AF176538

So lebt
Bern

Der perfekte Reiseführer für einen unvergesslichen Aufenthalt in Bern inkl. Insider-Tipps und Packliste

Anneke Neuberg

✈ INHALT

Das erwartet Sie in diesem Buch

Nicht nur die vergleichsweise geringe Einwohnerzahl, sondern auch das Stadtbild selbst mit seinen freundlichen Bewohnern lässt Bern zu einer wundervollen Stadt werden. Dies hat auch schon Johann Wolfgang von Goethe im Jahre 1779 erkannt: „Die Stadt ist die schönste, die wir gesehen haben…". Ob er damit recht hatte? Finden Sie es heraus und lassen Sie die Nostalgie auf sich wirken.

Stellen Sie sich nun vor, Sie wären ein Vogel, der

 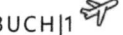

bei strahlendem Sonnenschein über die Stadt fliegt. Manch einer würde nicht einmal merken, dass unter uns die Hauptstadt der Schweiz liegt. Eingebettet in die leichte Hügellandschaft mitten in der Natur, sehen wir die Dächer unter uns vorbeiziehen. Die Häuser der Altstadt sind alle nahezu gleich groß und das einzig markante Gebäude, das über allen anderen hinausragt, ist der Turm des Berner Münsters. Die schmalen Häuser sind linienförmig angeordnet, entlang der Straßen und Gassen, und alles sieht sehr geplant aus. Auch die Farben sind durch die grünlichen Sandsteinbauten einheitlich gehalten und Tausende kleiner Schornsteine ragen von den Dächern in die Luft. Die türkis schillernde Aare zieht eine Schleife um die Kernstadt und ihre Ufer sind gesäumt von hohen Bäumen. Einige Brücken machen es möglich, zur äußeren Stadt zu gelangen, die ebenfalls in die grüne Natur getaucht ist. Auch hier sind die Häuser nicht allzu hoch und passen sich dem Stadtbild perfekt an. Die ganze Stadt strahlt eine gewisse Ruhe und Geborgenheit aus und heißt ihre Besucher herzlich willkommen, die schönen Ecken und fantastischen Plätze zu entdecken, sich auf die Berner Kultur einzulassen und sich an diesem Ort, fernab vom

Heimatland, zuhause zu fühlen. Wir kreisen noch ein letztes Mal über die Stadt und steigen langsam hinab in die Altstadt, um zu erfahren, wie diese Idylle an einem so unscheinbaren Ort entstehen konnte und was sie für Touristen aus aller Welt so attraktiv macht. Ich lade Sie nun herzlich ein, abzutauchen in das kleine, gemütliche und grüne Bern und freue mich darauf, Sie hier etwas herumzuführen.

ANNEKE NEUBERG

Bern: die grüne Stadt

Im Kanton Bern leben circa eine Million Menschen, davon rund 140.000 in der Kantons- und gleichzeitigen Bundeshauptstadt der Schweiz, der Stadt Bern. Damit ist sie jedoch populationsmäßig auf Platz 5 der Schweizer Städte hinter Zürich, Genf, Basel und Lausanne. Aber genau das ist das Merkmal, welches die Stadt so besonders macht. Trotz der vergleichsweise geringen Einwohnerzahl zählen Bern und das Berner Oberland zu einem der wichtigsten Tourismusgebiete der Schweiz. Wie sehr die Schweizer ihr Land lieben, sieht man auch daran, dass 40 % der Touristen Landsleute sind. Die zweitgrößte Gruppe bilden Asiaten mit 30 % und danach EU-Länder mit 20 % der touristischen Anteile. Als Hauptstadt mit mehreren wichtigen Sektoren wie Regierung, gibt es natürlich auch viele Beschäftigte, nämlich in etwa 180.000. Diese haben ihren Wohnsitz größtenteils im Kanton Bern und kommen täglich in die schöne Stadt, um ihrer Tätigkeit nachzugehen.

Auch für junge Leute ist Bern durch seine Ausbildungsmöglichkeiten sehr attraktiv. An der Universität in Bern sind über 17.000 Studenten eingeschrieben. Daneben besteht aber auch die Möglichkeit ein Studium an der Berner Fachhochschule oder der Pädagogischen Hochschule Bern zu absolvieren.

Die Assoziationen, die die meisten Menschen mit einer Stadt haben, sind sehr urban: viele Straßen, Lärm, Abgase, große Menschenmassen und Gedränge, nicht wahr? Doch Bern ist anders, Bern ist grün.

Nicht nur die Aare mit ihrem leuchtenden Türkis macht einen großen Teil des Stadtbildes aus, sondern auch die vielen Grünanlagen, Parks, Wiesen und Wälder in und um Bern. Die Hälfte der Stadtfläche (ausgenommen Privatgrundstücke) ist grün, was sehr beachtlich ist, besonders für eine Hauptstadt. Im Inneren gibt es mehr als 20.000 Bäume und 130 Parkanlagen, die zum Entspannen einladen und von der Stadtgärtnerei gepflegt werden. Außerdem ist „Land in der Stadt" denn auf Stadtboden halten die landwirtschaftlichen Betriebe fast 5.000 Tiere, darunter Schweine, Rinder und Schafe.

Besonders lohnenswert für Natur- und Pflanzenliebhaber sind der Botanische Garten, der Tierpark und der Gurten.

Entdecken Sie Pflanzen aus aller Welt im **Botanischen Garten**, egal ob Heilpflanzen und Kräuter, exotische Bäume oder Blumen. Im Jahr 1859 zu Studienzwecken gegründeten Garten gibt es allerhand zu erleben für die Sinne. Lauschen Sie den kleinen Tierchen, riechen Sie die frischen Blumen und bestaunen Sie die hohen Stauden. Der Garten ist mit einer Zahl von fast 6.000 verschiedenen Pflanzenarten das Naturhighlight der Stadt und bietet mit seinen Tropenhäusern auch bei verregneten und kalten Tagen einen tollen Aufenthalt. Inmitten der Natur wartet das Café Fleuri mit warmen und kalten Getränken sowie leckeren Speisen auf seine Besucher nach der anstrengenden Reise um die Welt. Der Garten ist täglich geöffnet und der Eintritt ist gratis.

Der **Tierpark Dählhölzli** liegt in einem Wald direkt an der Aare und ist größtenteils frei zugänglich. Durch ein Hochwasser vor einigen Jahren, ist neben dem Streichelzoo und dem Kinderzoo auch eine Auenwald-Anlage entstanden, in welcher Otter, Biber und Pelikane ein Zuhause gefunden haben. Das Motto des Tierparks lautet: „Mehr Platz für weniger Tiere" und in dem großen Gehege leben ungefähr 200 Zwergziegen, Zwergesel, Minischweine, Ponys und viele weitere Tiere friedlich miteinander.

Des Berners liebster Berg ist der **Gurten**. Er ist der Hausberg der Stadt und bietet zu jeder Jahreszeit vielfältige Möglichkeiten zur Freizeitgestaltung. Zu erreichen ist die Höhe von 864 Metern entweder zu Fuß oder mit der Gurtenbahn. Die Bahn bringt die Gäste schon seit über 100 Jahren in den Park, in dem verschiedene Aktivitäten auf die Besucher warten. Egal ob gemütlich beim Picknicken oder sportliches Frisbee-Golfen, auf dem Gurten vergeht der Tag wie im Fluge. Jedes Jahr im Sommer findet hier auch das berühmte Gurtenfestival statt (siehe Events).

Die Geschichte der Stadt

Bern gilt als Zähringerstadt. Diesen Titel tragen außerdem noch 11 andere Städte in Deutschland und der Schweiz, in den Regionen des Schwarzwaldes, der Nordschweiz und Schwaben. Es ist also eine kleine Besonderheit, zu dieser Gruppierung zu gehören. Doch was ist eine Zähringerstadt? Was macht sie aus und wie ist sie entstanden?

Die Gemeinsamkeit dieser Städte liegt darin, dass sie alle in Besitz eines Zähringer Herzogs waren, beziehungsweise von diesen im Hochmittelalter gegründet wurden. Die Gründung von Bern wird auf das Jahr 1191 datiert und ging von Herzog Berchthold V. von Zähringen aus, der auch für die Gründung von Freiburg im Breisgau verantwortlich war, wo er schließlich starb. Damit war die Ära der Zähringer vorbei, da er keine Nachkommen hatte. Es gibt eine Sage darüber, dass er einen Bären erlegt haben soll und der neuen Stadt in Anlehnung daran den Namen Bern gab. Gleichzeitig dient der Bär als Wappentier des Kantons und ist in der ganzen Stadt anzutreffen.

Man kann jedoch behaupten, dass die Zähringer einen enormen Einfluss auf die europäischen Stadtgründungen hatten, und mit ihren städtebaulichen Merkmalen ihrer Zeit weit voraus waren. Die grundlegenden Faktoren, nach denen sie suchten, waren unbesiedeltes Land, damit sie sich ausbreiten konnten, sowie ein Gewässer zur Wasserversorgung ihrer Bürgerinnen und Bürger. Charakteristisch für den Zähringer Städtebau ist die gewisse Einheitlichkeit der Parzellen, um Streitigkeiten zu verhindern, sowie das Tabu von Sackgassen, da diese sich als eher unpraktisch herausstellten. Der Grundriss der

Kernstadt in solchen Städten hat eine ovale Form und meist zwei sich kreuzende Marktstraßen, von denen dann kleinere Gassen zu beiden Seiten abführen.

Auch die Berner Altstadt hat eine solche ovale Form, welche durch die Aareschleife beeinflusst wurde. Durch den Fluss war man nun also gegen Feinde geschützt. Lediglich eine Seite der Stadt ist nicht von der Aare umgeben, da man sich diese als eine Art Landzunge vorstellen muss, um die sich die Aare schlängelt. Dieser Teil der Stadt wurde dann durch eine Mauer gegen Feinde befestigt.

Zu Zeiten der Gründung entstand das älteste Stadtquartier Berns, welches sich von der Burg Nydegg zum Turm der „Zytglogge" erstreckte. Die Länge betrug etwa 750 Meter und verteilte sich auf zwei parallel verlaufende Straßen. Diese beiden sind auch heute noch sehr belebt und werden tagtäglich von vielen Berner Bürgern und Bürgerinnen und Touristen besucht: die Kram- und Gerechtigkeitsgasse (auch „Meritgasse" genannt). Der Zeitglockenturm ist das älteste, heute noch erhaltene Stadttor, wozu Sie später noch etwas erfahren werden. Von hier aus breitete sich die Stadt weiter nach Norden durch die Rathaus- und Postgasse sowie im Süden durch die Münster- und Junkerngasse aus. Östlich des Zeitglockenturms kamen dann im 13. Jahrhundert noch die Brunngasse und Herrengasse hinzu, die neue Gebiete der Stadt erschlossen. Im Westen bilden der Kornhaus- und Theaterplatz und der Casinoplatz die Grenze.

Die Kreuzgasse, als wichtigste quer verlaufende Straße, teilt seit dem 13. Jahrhundert die Stadt in Ober- und Unterstadt. Dies ist nicht nur eine topografische Unterteilung, sondern auch eine wirtschaftliche, da so geklärt war, auf welchem Stadtgebiet man seine Rinder weiden ließ und von welchem Forst man sein Holz beziehen durfte. In der Zähringerstadt als Kernstadt ließen sich politische, ökonomische und geistliche Institutionen nieder, was dazu führte, dass sie sich zu einem angesehenen Zentrum entwickelte. In den Zunft- und Gesellschaftshäusern und in den Marktgassen herrschte reges Treiben, weshalb sich die Pflegeeinrichtungen wie Krankenhäuser (Spitale) und kirchliche Gebäude eher am Rand ansiedelten. Die Kram-, Gerechtigkeits- und Marktgasse waren mit Zunft- und Gesellschaftshäuser bebaut, in welchen die Berner gleichzeitig wohnten und arbeiteten. Einzig die Gerber arbeiteten außerhalb der Stadt am Ausfluss des Stadtbaches, denn dieses Gewerbe war in der oberen Stadt verboten und das Vorkommen des Wassers war für die Lederherstellung von großem Vorteil.

Die Stadt dehnte sich im Laufe der Zeit immer weiter aus, was sich an den Befestigungstürmen feststellen lässt: Zeitglockenturm (1256), Käfigturm (1345), Christoffelturm (1622).

Ein einschneidender Punkt in der Geschichte bildet das Jahr 1405. Ein großer Brand wütete in der Stadt und zerstörte große Teile der hölzernen Gebäude. Nicht nur für die Gebäude, sondern auch für die Bürger war die Nacht vom 14. auf den 15. Mai 1405 ein trauriges Erlebnis, denn durch den Nordwind breitete sich das Feuer so schnell aus, dass nach Schätzungen 100 Menschen ihr Leben in den Flammen ließen. Zum Schutz vor weiterer solcher Schicksale begann man beim Wiederaufbau Sandstein zum Häuserbau zu verwenden. Dieses Baumaterial macht Bern auch heute immer noch sehr besonders. Auch der Zeitglockenturm wurde zerstört und wieder aufgebaut, jedoch mit veränderter Funktion. Diente er vorher noch als Wehrturm, erfüllt er seitdem den Bernern die Funktion eines Zeitturms mit einer Turmuhr und ist auch bei Touristen sehr beliebt. Wieso ist ein Turm mit einer Uhr so gern gesehen fragen Sie sich? Auch das werde ich Ihnen im Laufe dieses Buches noch näher erläutern. An dieser Stelle nur schon einmal vorgemerkt: Wer die „Zytglogge" nicht gesehen hat, der war auch nicht wirklich in Bern.

Neben dem Turm mussten auch ungefähr 500 Häuser, also zur damaligen Zeit ein Drittel der Stadt, wieder aufgebaut werden. Nicht nur das Baumaterial war ein anderes, sondern auch der Baustil. Diesen erkennt man sofort, wenn man die Straßen entlang schlendert, denn man fing an, sogenannte Lauben (Arkaden) zu bauen. Im ersten Stockwerk hatten die Bewohner also immer noch genug Wohnraum und den Fußgängern war mehr Platz in den Gassen geboten. Insbesondere bei schlechtem Wetter stellt dies noch heute einen Vorteil dar, da man in den vier Hauptgassen (Spital-, Kram-, Gerechtigkeits- und Marktgasse) fast ununterbrochen im, vom Volksmund genannten, „Rohr" laufen kann.

Im Laufe der Zeit schloss der Kanton Bern mehrere Bündnisse und wurde zum größten Stadtstaat nördlich der Alpen.

Zu Beginn des 17. Jahrhunderts kam es bei Grauholz zu einer Schlacht, in der Bern schließlich kapitulierte. Daraufhin wurde die Stadt von französischen Soldaten eingenommen, was man den „Franzoseneinfall" nennt. Zu dieser Zeit beschlagnahmten die Franzosen nicht nur die Staatsgelder, sondern auch die Berner Bären und brachten diese nach Paris. Dieses Ereignis bildete das Ende der Alten Eidgenossenschaft und Bern war nun die Hauptstadt der Zentralen Helvetischen Republik und wurde von Patrizierfamilien regiert. Mit der Abdankung des Patriziats im Jahre 1831 erlangte Bern eine demokratische Verfassung, die ihren Bürgerinnen und Bürgern mehrere Rechte zusicherte und sich zu einer konservativen Stadt entwickelte.

1848 entstand dann schließlich der Schweizer Bundesstaat, der heute 23 Kantone umfasst, und dessen Bundesbehörden ihren Sitz in der Hauptstadt haben. Zehn Jahre später setze mit dem Ausbau des Eisenbahnnetzes auch in der Schweiz die Industrialisierung ein.

Im 1. Weltkrieg gab es Versorgungsengpässe und im 2. Weltkrieg erlitt die Stadt Bern durch eine

funktionierende Kriegswirtschaft nur wenige Schä-
den.

Auch wenn das Stadtbild heute immer noch
stark durch seine Geschichte geprägt ist, gibt es doch
auch einige wenige Hochhausbauten, die durch den
Zuzug von ausländischen Arbeitskräften in den
1950er Jahren entstanden sind.

Das gemütliche Volk

Denken Sie einmal an die Schweiz und seine Bürgerinnen und Bürger. Na, was fällt Ihnen dazu ein? Als erstes wahrscheinlich Käse in allen möglichen Formen: als Block, als Scheiben, als warmes, cremiges Fondue oder vielleicht zart schmelzend als Raclette in Ihrem Pfännchen. Traditionell wird Raclette in der Schweiz aber ganz anders gegessen, nämlich nicht in den uns bekannten Geräten mit kleinen Pfännchen. Hier wird ein halbes Käserad in eine Art Bräter eingespannt und erhitzt. Nach einigen Minuten wird das Rad geneigt und der Käse wird abgeschabt, um auf dem Teller zu landen. Hier bedeckt er dann traditionell Pellkartoffeln, Gewürzgurken und Silberzwiebeln. Das wussten Sie noch nicht? Warten Sie ab, wir werden noch mehr Spezialitäten des Landes und Charakteristika der Berner kennenlernen.

Neben Käse dachten Sie wahrscheinlich auch an Berge, vielleicht auch an das kleine Mädchen aus den Büchern, Heidi. Oftmals wird die Schweiz auch mit viel Geld und den Wortendungen auf „-i" in Verbindung gebracht und natürlich mit einem: Gemütlichkeit.

„Ihr seid so süß und so langsam." Das ist ein Satz, den sich die Schweizer oft anhören müssen und ob sie es wollen oder nicht, auf die Berner trifft es tatsächlich zu. Laut Wissenschaftlern gehören die Berner zu einem sehr langsamen Volk. Sie sprechen und laufen beispielsweise langsamer als Leute aus dem Kanton Wallis. Aber das ist doch auch eine Eigenschaft, die sie so sympathisch macht. Deshalb fühlt man sich in Bern zuhause. Auch wenn viele Touristen unterwegs sind, strahlt die Stadt mit ihren freundlichen und gemütlichen Bewohnern doch auch ein wenig Ruhe aus und wir vergessen all die Hektik unseres Alltags, wenn wir durch die kleinen Gassen schlendern.

Denken Sie aber nun nicht, die Berner seien faul. Denn so langsam und gemächlich sie vielleicht scheinen mögen, so sportlich und aktiv sind sie auf der anderen Seite ebenfalls. Auf 74.000 Berner Haushalte kommen 10.000 Fahrräder oder sogenannte „Velos". Auch dies macht Bern zu einer „grünen" Stadt, denn rund 30 % der Einwohner nehmen im Sommer täglich den Drahtesel, um zu ihrem Arbeitsplatz zu gelangen, trotz der teils starken Steigungen, die der Hanglage durch die Aare geschuldet sind. In der ganzen Stadt gibt es zudem 8.000 öffentliche Velostellplätze.

> *Tipp: Von Mai bis Oktober können unter dem Motto „Bern rollt" sowohl von Schweizern als auch von Touristen an den Velostationen Hirschengraben, Milchgässli und Zeughausgasse gratis Velos, Trottinetts und Elektro-Bikes ausgeliehen werden. So tragen Sie auch etwas zu einer guten Umweltbilanz bei und es ist für jeden das optimale Gefährt zu finden.*

Die Mutigen springen im Sommer vom Schönausteg in die kühle Aare und lassen sich treiben, bis sie nach einer Rechtskurve im Marzilibad wieder ankommen. Die Aare ist sehr sauber, jedoch sollten nur geübte Schwimmer ein Bad darin genießen. Falls Sie trotzdem eine sportliche Aktivität auf der Aare ausführen möchten, bietet sich das „Aareböötle" an. Bis zu 6 Personen finden in den Schlauchbooten Platz für eine Tour. Es gibt viele Strecken, die Sie nehmen können, die „Königin der Schweizer Gummiboot-Strecken" ist die von Thun nach Bern. Nach Thun gelangen Sie beispielsweise mit dem Zug. Von dort aus geht es dann ungefähr drei Stunden (ohne Pause) die Aare entlang zurück nach Bern. Auf Ihrem Weg haben Sie aber auch die Möglichkeit zu Rasten und zu Grillen oder einfach nur die Sonne zu genießen.

Tipp: Montags ist Aareböötle-Tag und Sie erhalten das Gummiboot zu einem vergünstigten Preis von 99 Schweizer Franken.

Sehenswertes

Erinnern Sie sich noch an unseren Flug als Vogel über die Stadt zu Beginn des Buches? Wir kreisten über die Dächer der Sandsteinhäuser und nun fliegen wir ein bisschen weiter zum Rande der Altstadt, um noch einmal einen schönen Blick zu genießen, bevor wir uns dann den Sehenswürdigkeiten der Stadt selbst widmen. Wir fliegen über die Aare und die Nydeggbrücke hinweg und landen auf den Mauern des **Rosengartens**. Die Brücke und die darunter liegende Aareschlaufe sind zu sehen, sowie der wunderschöne Ausblick über die gesamte Altstadt. Mitten zwischen den Dächern ragt der Turm des Berner Münsters hervor und in der Ferne können wir die Kuppel des Bundeshauses erkennen. Setzen Sie sich neben Albert Einsteins Figur auf eine Bank oder spazieren Sie durch die Parkanlage, die zu jeder Jahreszeit etwas zu bieten hat. Im Frühling blühen die Kirschblüten und im Sommer können Sie über 400 Rosenarten bestaunen! Früher als Friedhof genutzt, dient der Rosengarten heute Jung und Alt als erholsame Oase mit wunderschönem Panorama. Die Wiesen können zum Spielen oder Picknicken genutzt werden und es gibt sogar eine Bibliothek mit „Lesegarten" für die Literaturbegeisterten.

Da die Parkanlage öffentlich und zu jeder Zeit zugänglich ist, lohnt sich dieser gratis Aufenthalt allemal! Besonders schön ist es auch, den Sonnenuntergang über den Dächern der Stadt zu genießen.

> *Tipp: Genießen Sie doch eine Tasse Kaffee oder etwas zu Essen im Restaurant Rosengarten. Direkt in der Parkanlage gelegen, gibt es sowohl im Innenbereich als auch auf der Terrasse und Veranda genügend Platz, um eine Pause einzulegen.*

Wenn Sie nun vom Rosengarten den etwas steilen Weg nach unten laufen, gelangen Sie direkt zum berühmten **Bärengraben**. Die Bären als Wappen- und Symboltiere sind den Bernern heilig. Von 1513 bis 1857 wurden die Tiere mitten in der Stadt gehalten, danach dann im Bärengraben. Zugegebenermaßen war dies keine sehr tierfreundliche Haltung. Seit 2009 leben der Herr „Finn" und seine Bärendame „Björk" zusammen mit ihrer Tochter „Ursina" jedoch im **Bärenpark**, der direkt neben dem Graben zu finden ist. Fühlen Sie selbst nach, wie der Graben den Bären als Gehege diente, während sie ihn durchlaufen. Mehre Infotafeln geben Hinweise auf die Geschichte des Bärengrabens. Der Park liegt direkt am Aarehang und kann sowohl vom Uferweg als auch von oben betrachtet werden. Wenn Sie beide Perspektiven sehen möchten, können Sie die Treppen oder auch den gläsernen und für Rollstühle geeigneten Schräglift nutzen. Das Gelände erstreckt sich über 6.000 Quadratmeter und bietet seiner Braunbärenfamilie Platz zum Klettern, Fischen, Baden, Spielen und Verstecken. Lassen Sie sich Zeit und schauen Sie den Bären zu. Um den Park gibt es auch mehrere Sitzmöglichkeiten, die zum Verweilen einladen. Vielleicht entdecken sie auch bei einem Blick auf die Aare die einen oder anderen mutigen Schwimmer, ein „Aareböötle" oder einen „Aaresurfer". Natürlich gibt es auch Souvenirs zu kaufen, sowie leckeres Eis aus der „Eiswerkstatt" zu essen, oder trinken Sie ein traditionell gebrautes Bier im „Alten Tramdepot" gleich neben dem Bärenpark.

Tipp: Das Beobachten der Bären im Bärenpark ist ebenso gratis wie der Zugang zum Bärengraben. Die Nutzung des Schrägliftes ist ebenfalls kostenlos.

Begeben wir uns nun auf den Weg in die Berner Altstadt. Dabei überqueren wir die **Nydeggbrücke**, die gleich am Bärenpark beginnt. Diese war die erste Hochbrücke der Stadt und wurde 1844 errichtet, um den Pferden die Steigungen zu ersparen, die sie zuvor überwinden mussten, wenn die Händler in die Stadt hinein, beziehungsweise diese wieder verlassen wollten. Das Passieren der Brücke war jedoch nicht ohne weiteres möglich, denn die Brücke war in Privatbesitz und man musste an den Zollhäusern zahlen, um sie überqueren zu dürfen. Bereits 8 Jahre nach Fertigstellung der Brücke wurden die Zölle jedoch aufgehoben und die Zollhäuser sind noch heute erhalten.

Tipp: Heute gibt es in der Stadt insgesamt 17 Brücken, einschließlich der für Eisenbahnen und Automobile. Schaffen Sie es, alle Brücken während Ihres Aufenthaltes zu überqueren? Ein Muss für Jedermann ist wohl die Untertorbrücke, die Älteste der Stadt und zugleich eine der ältesten Steinbrücken des Landes. Rechts von der Nydeggbrücke gelegen war sie bis ins 19. Jahrhundert die einzige Möglichkeit, die Aare zu überqueren. Heute befestigen viele „Aaresurfer" ihre Seile am Geländer und es ist eine nette Abwechslung, bei solch einer Sportart zuzusehen.

> *Geheimtipp: Wenn Sie Luxus mögen, können Sie im One Suite Hotel Zollhaus übernachten. Hier bietet eine zweistöckige 70qm Wohnung einen exklusiven Ausblick über die Stadt und die türkisfarbene Aare. Entspannen Sie nach einem Sightseeing-Tag in der komfortablen Wohnung und genießen Sie am nächsten Morgen ein reichhaltiges Frühstück auf dem Zimmer mit einzigartiger Aussicht. Günstig ist dieses unvergessliche Erlebnis zwar nicht, jedoch gibt es zu bestimmten Anlässen aber auch attraktive Angebote.*

Wenn Sie die Brücke überquert haben, mündet der Weg geradeaus in die **Gerechtigkeitsgasse**, welche durch die **Kramgasse** verlängert wird. Diese beiden gelten als zwei der Hauptstraßen der Altstadt. Autos dürfen hier nur mit Sondergenehmigung fahren, deshalb können Sie nach Lust und Laune auf der gepflasterten Straße oder unter den berühmten Berner Lauben umherlaufen. In der Mitte der Straße verläuft der Stadtbach von der „Zytglogge" bis hinunter zur Nydeggbrücke. Manch einer mag sich wundern, wenn er sich den Bach genauer betrachtet, der an manchen Stellen offen gelegt ist, und das Wasser

„bergauf" fließt. Dies ist eine interessante optische Täuschung, die durch eine unterirdische Installation hervorgerufen wird und das Wasser an diesen Stellen stadtaufwärts fließen lässt. Achten Sie darauf und Sie werden staunen!

Falls das Wetter es zulässt, laufen Sie ruhig auf der Straße, denn von dort aus können Sie die vielen **Altstadtbrunnen** entlang des **Stadtbaches** mit ihren bunten Figuren betrachten. Diese dienten den Bürgern im Mittelalter zur Wasserversorgung und noch heute fließt hier Trinkwasser, also erfrischen Sie sich doch gerne mit echtem Berner Wasser! In der Gerechtigkeitsgasse steht der gleichnamige Gerechtigkeitsbrunnen, dessen Spitze von der Justitia als Symbolfigur für Gerechtigkeit geschmückt ist. Weiter die Altstadt hinauf in der Kramgasse befindet sich der bei Touristen sehr beliebte **Zähringerbrunnen**. Wahrscheinlich ist er durch seine Bärenfigur ein oft fotografiertes Motiv.

Neben den Brunnen entdecken Sie in diesen Gassen aber noch eine weitere Besonderheit der Stadt Bern: die vielen Gewölbekeller. Die insgesamt 6 km langen **Arkaden** beherbergen eine Menge solcher Keller, also lassen Sie ihre Blicke schweifen, dort unten ist für jeden etwas dabei. Neben unzähligen Bars und Cafés finden sich Friseursalons, Boutiquen, Plattenläden und vieles mehr. Ich bin mir sicher, Sie werden bei genauerem Hinschauen den ein oder anderen magischen Ort unter den Berner Straßen finden!

> *Tipp: Besuchen Sie doch das 1970 eröffnete und somit erste und älteste Kellerkino der Schweiz. Allerdings sollten Sie es bei Klaustrophobie eher meiden, da es mit seinen 36 Sitzplätzen recht gemütlich ist. Montags ist übrigens Kinotag und Sie erhalten Ihr Ticket zu einem reduzierten Preis.*

Eine weitere Besonderheit, nach der Sie in der Altstadt Ausschau halten können, sind die **farbigen Straßenschilder.** Vom Hirschengraben bis zur Nydeggbrücke sind die Gassen in verschiedene Farben eingeteilt: rot, gelb, grün, weiß und schwarz. Diese Farben dienten den französischen Soldaten zu Zeiten Napoleons zur Orientierung, da sie kein Deutsch lesen konnten. Manchmal lässt sich auch unter den Straßenschildern die französische Bezeichnung der Straßen finden, die auf die Sandsteine der Gebäude gemalt wurde.

Wenn Sie nun weiter der Kramgasse folgen, kommt linkerhand ein geschichtsträchtiges Haus. Von außen unscheinbar, da es auch sehr schmal ist: die Kramgasse 49. Hier steht nämlich das **Einstein Haus**. Albert Einstein studierte Physik in Zürich und zog im Anschluss nach Bern, weil er eine Stelle als Patentexperte annahm. Seine Freizeit widmete er in diesem Haus von 1903 bis 1905 aber immer noch der Physik und schrieb in Bern den Aufsatz zur Elektrodynamik bewegter Körper, der berühmt wurde als „Spezielle Relativitätstheorie". Zum 100. Geburtstag dieses Mannes wurde ein Museum im März 1979 eröffnet. Dieses befindet sich nicht in der Kramgasse, sondern zusammen mit dem **Bernischen Historischen Museum** auf der Museumsinsel. Im Einstein Haus können Sie aber trotzdem die Wohnung in der 2. Etage besichtigen. Diese ist täglich geöffnet und Sie können hautnah erfahren, wie das Physikgenie gelebt hat. Nach der Wohnungsbesichtigung lädt das **Café Einstein Stammhaus** im Erdgeschoss zum Verweilen, Essen und Trinken ein.

Das Ende der Kramgasse bildet eine der berühmtesten Sehenswürdigkeiten Berns: die

„Zytglogge". Der ehemalige Wehrturm dient heute als Zeitglockenturm und zeigt den Bernern und Besuchern seit vielen Jahren die Zeit an. Es handelt sich hierbei nicht um eine einfache Turmuhr, sondern um ein sogenanntes „Astrolabium", eine astrologische Kalenderuhr. Diese bildet neben der Uhrzeit auch die Gestirne der Erde, der Sonne, des Mondes und der Sterne ab. Außerdem ist das aktuelle Tierkreiszeichen, die Mondphase, das Datum und der aktuelle Zeitpunkt des Sonnenaufgangs und -untergangs abzulesen. Das ist ziemlich beeindruckend, nicht wahr?

Aber es kommt noch besser. Die Uhr allein wäre schon eine Besonderheit, doch das Highlight der Zytglogge ist das Figurenspiel zur vollen Stunde, was die Touristen anzieht. Das Spielwerk stammt aus dem Jahre 1530 und ist eine handwerkliche Meisterleistung. 3,5 Minuten vor der vollen Stunde beginnt ein Hahn zu krähen und ein Bärenzug startet. Ein Narr schlägt die Stunde dann zu früh, worauf der Hahn erneut kräht. Dann erscheint Chronos, der griechische Gott der Zeit, dreht seine Sanduhr und hebt sein Zepter, während er bei jedem Glockenschlag seinen Mund öffnet und „mitzählt". Den

Abschluss dieses Spiels bildet erneut das Krähen des Hahnes. Also: Suchen Sie sich eine Uhrzeit aus und betrachten Sie dieses Spektakel!

> *Tipp: Am besten etwas früher kommen, da sich die Menschen um den Turm scharen kurz vor Beginn und Sie dann vielleicht keine gute Sicht mehr auf die Figuren haben.*

Auch das Innere des Turms kann besichtigt werden. Die Führung dauert ca. 60 Minuten und Sie können die Mechanik im Holzgebälk bestaunen. Nach einem Aufstieg von 130 Treppenstufen erhalten Sie einen wunderbaren Ausblick über die Dächer der Stadt.

Nun, da Sie den Weg ins Innere der Stadt gefunden haben, schauen Sie sich doch selbst mal ein wenig um und entdecken Sie die Stadt nach Lust und Laune! Auch abseits der großen Straßen lassen sich viele Sehenswürdigkeiten finden. Wenn Sie nun weiter geradeaus laufen, kommen Sie zur **Marktgasse**, hier und in den Parallelstraßen sind insbesondere Shopping-Begeisterte gut aufgehoben. Diese endet am Bärenplatz mit dem **Käfigturm**. Dieser wurde als Wehrturm genutzt und nach dem großen

Stadtbrand wurden die Gefangenen, welche zunächst im Zeitglockenturm untergebracht waren, hier festgehalten. Dadurch kommt auch der Name dieses Turmes zustande, der ab diesem Zeitpunkt als Gefängnis diente. Der Turm besitzt eine Tordurchfahrt, durch welche man in die **Spitalgasse** gelangt. Wie auch die anderen Hauptgassen ist die Spitalgasse Teil der Fußgängerzone, jedoch dürfen hier Tramlinien und Busse verkehren, also sind die Besucher gebeten, unter den Lauben zu laufen. Am Ende der Gasse befindet sich dann der **Berner Bahnhofsplatz** mit dem Hauptbahnhof.

Hier sind wir nun ziemlich zentral und haben die Möglichkeit zu Fuß oder mit öffentlichen Verkehrsmitteln die Stadt und das Umland zu erkunden. Ich möchte Ihnen diese Freiheit lassen und den Raum zur kreativen Gestaltung Ihres Städtetrips. Deshalb möchte ich im Folgenden auf weitere Sehenswürdigkeiten eingehen, die für Sie interessant sein könnten. Dennoch sollen Sie frei entscheiden, was Sie sich anschauen möchten, und daher will ich Ihnen keine Laufwege oder Ähnliches vorgeben. Lassen Sie die Stadt auf sich wirken, sehen Sie einige wundervolle Gebäude, entdecken Sie die grünen

Flecken Berns oder bummeln Sie durch die Gassen! Alles nach Ihrem Belieben!

Ein markantes Kennzeichen der Stadt, welches wir schon aus der Vogelperspektive und auch vom Rosengarten aus erkennen konnten, ist das **Berner Münster.** Dass der Kirchturm so hervorsticht, ist kein Wunder, denn dieser ist der Höchste der Schweiz. Wenn Sie möchten, genießen Sie doch den Ausblick von der Aussichtsplattform, die Sie nach 312 Stufen erreichen. Ein weiterer Rekord, den das Münster beherbergt, ist die größte Glocke des Landes, welche Sie täglich hören und sehen können. Zudem ist das Münster die größte spätmittelalterliche Kirche der Schweiz und hatte eine Bauzeit von mehr als 400 Jahren. Nicht nur der gotische Baustil macht dieses Gebäude besonders. Treten Sie vor den Eingang und richten Sie ihren Blick nach oben! Das Münsterportal ist eine wahre künstlerische Meisterleistung. Mit mehreren Figuren wie Menschen, Drachen, Engeln, Teufeln und vielen verschiedenen Tieren in vielen Farben und goldenen Verzierungen wird das „Jüngste Gericht" dargestellt. Wenn auch durch ein Gitter geschützt, ist es ein beliebtes Fotomotiv und sehr schön anzusehen.

Gerade in der Nachbarschaft des Münsters ist zu erkennen, dass die Häuser Berns etwas ganz Besonderes sind. Es ist auch nicht verwunderlich, dass die gesamte Altstadt flächendeckend Teil des **UNESCO-Weltkulturerbes** ist. Mit der Erweiterung der Stadt fing man an die Häuser aneinander zu bauen. Charakteristisch für den Baustil sind mehrere Stockwerke und nur eine geringe Breite von teilweise 4 Metern. Trotzdem bieten sie auch heute ihren Bewohnern noch viel Platz, denn für gewöhnlich verstecken sich hinter den von außen sehr klein wirkenden Gemäuern die Hinterhöfe und Gärten der Bernerinnen und Berner.

> *Tipp: Es werden auch Stadtführungen zu vielen verschiedenen Themen angeboten, ob durch die Altstadt, mit einem Raclette-Stopp oder bei Nacht, es ist für Jeden etwas dabei! Wie wäre es zum Beispiel mit „Bern Top Secret", einem Rundgang, bei dem Sie als Spion die Geheimnisse der Stadt aufdecken können? Oder darf es die Berner Unterwelt in den Kanälen und Tropfsteinhöhlen sein? Wenn Sie sich lieber an der sauberen Berner Luft aufhalten und keine Angst vor der Höhe haben, dann begeben Sie sich doch auf eine Führung über die Berner Hochbrücken.*

In unmittelbarer Nähe zum Münster befindet sich die **Münsterplattform**, der größte frei zugängliche Balkon der Altstadt mit Blick auf die Aare, den Berner Hausberg „Gurten" und das Bundeshaus. Genießen Sie die Zeit an einem schattigen Plätzchen unter den Kastanienbäumen. Die **„Senkeltram"**, ein elektrisch betriebener Aufzug, bringt Sie bei Bedarf für 1,20 Franken direkt von der Plattform nach unten ins Mattequartier.

> *Tipp: Ein wunderschöner Pavillon der „Einstein au jardin" begrüßt seine Gäste mit einem wundervollen Ausblick und schmackhaften Kleinigkeiten. Bei schönem Wetter können Sie hausgemachte Köstlichkeiten im Außenbereich genießen, aber Sie sollten trotzdem mal einen Blick ins Innere des Pavillons werfen. Wie wäre es mit einem Einstein Kaffee, einem „Gipfeli" oder einem „Spitzbueb"? Wenn Sie größeren Hunger verspüren, testen Sie doch mal „Eischeuerli", „Rindsknebu" oder etwas von der griechischen Grillplatte. Ich bin mir sicher, Sie werden auf der Karte etwas finden! Und zum Nachtisch darf es dann noch ein hausgemachtes Einstein-Eis sein.*

Ein weiteres Gebäude, was natürlich durch seine prunkvoll gestaltete, türkisfarbene Kuppeln mit goldenen Ornamenten nicht zu übersehen ist, ist das **Bundeshaus**. Hier hat die Schweizer Landesregierung ihren Sitz und vier Mal pro Jahr werden die Sitzungen der National- und Ständeräte im Inneren abgehalten. Auch vor dem Haus herrscht reges Treiben. Der **Bundesplatz** ist ein attraktiver Touristenschauplatz, der ein tolles Wasserspiel mit insgesamt

26 Fontänen (stellvertretend für die 26 Kantone) bietet. Im Sommer ist dieses besonders bei Kindern sehr beliebt, da sie nach Lust und Laune in den Wasserspielen umher rennen und sich abkühlen können. Außerdem finden wöchentlich an Dienstagen und Samstagen Märkte auf dem Platz statt. Hier gibt es allerhand Waren, von Gemüse und Obst bis hin zu frischen Blumen. Seit 2008 kann man das Bundeshaus auch in klein als Bronzemodell betrachten. Dieses steht auf der Bundesterrasse hinter dem Bundeshaus und besonders schön für Kinder: Man darf es auch anfassen! Die schöne Geschichte dahinter ist, dass es vom Schweizerischen Blinden- und Sehbehindertenverband gespendet wurde, sodass auch Menschen mit Einschränkungen die Möglichkeit haben, sich eine Vorstellung dieses so wichtigen Gebäudes machen zu können.

> *Tipp: Die Führungen durch das Bundeshaus haben eine Dauer von einer Stunde und sind kostenlos.*

Ein oft vergessener oder unterschätzter schöner Fleck Berns ist definitiv die **Bundesterrasse** mit ihrer Parkanlage. Lassen Sie sich dieses grüne Fleck-chen nicht entgehen! Mehrere Bänke laden zum Sit-zen ein, um die Aussicht auf die Aare, das Bundes-haus, den „Gurten" und die restliche Stadt zu genie-ßen. Bei klarer Sicht können sie bis ins Berner Ober-land blicken und vielleicht erkennen Sie die drei Gip-fel Eiger, Mönch und Jungfrau am Horizont. Stärken Sie sich in dem kleinen Restaurant, betrachten Sie den kleinen Wasserfall oder suchen Sie sich einen Platz auf einer der Liegen auf der Wiese und nehmen Sie sich ein Buch aus dem öffentlichen Bücher-schrank. Kommen Sie zur Ruhe und genießen Sie die Natur mitten in der Stadt.

Tipp: Am Schweizer Nationalfeiertag, dem 1. Au-gust, werden auf der Wiese mehrere Meter lange Grillstellen entzündet und jeder der mag, kann kostenlos sein Fleisch und Gemüse auf der knis-ternden Glut braten. Ob Alt oder Jung, ob Berner oder Besucher, jeder ist herzlich willkommen, um das Land zu feiern und sich nett zu unterhalten. Haben Sie keine Scheu, die Berner sind ein sehr of-fenes und aufgeschlossenes Volk!

Wenn Sie den unteren Teil der Stadt besuchen möchten, lohnt sich der Abstieg ins **Marzili-Quartier**. Besonders beliebt ist dort das **Marzilibad**, ein Freibad, das sowohl das Schwimmen in einem Schwimmbecken, ebenso wie in der Aare möglich macht. Wenn Sie möchten, können Sie den Weg zu Fuß gehen, jedoch ist auch die „**Marzilibahn**" zu empfehlen. Täglich bringt die Bahn alle 3 Minuten Personen vom Marziliquartier nach oben in Richtung Bundeshaus und umgekehrt. Erstmals fuhr die Drahtseilbahn im Sommer 1885 und wurde mit Wasserkraft betrieben. Heute überwindet der modernisierte Waggon 31 Höhenmeter auf einer Länge von 105 Metern mithilfe von Elektrizität.

Ein geschichtsträchtiges Gebäude und zeitgleich ein architektonisches Highlight ist das **Kornhaus**. Das ehemalige Getreidelager ist am **Kornhausplatz** zwischen Zytglogge und dem Stadttheater gelegen und wurde zwischen 1711 und 1718 erbaut. Im Laufe der Zeit erfüllte das Kornhaus mehrere Funktionen, darunter auch die der Flüchtlingsunterkunft und Markthalle. Im früheren Staatsweinkeller befindet sich heute das „Chübu" (Kornhauskeller), ein Restaurant mit Bar. Hier werden nicht nur exquisite

Weine, sondern auch regionale, saisonale Speisen angeboten. Finden Sie nicht auch, dass einem das Wasser im Munde zusammenläuft, wenn jemand einige Gerichte der Speisekarte erwähnt: „Bärner-Platte", „Suure Mocke" oder das traditionelle „Kornhaus Rösti"? Und sogar Veganer und Veganerinnen kommen hier auf ihre Kosten. Aber nicht nur die Speisen sind originell, der Keller hat eine imposante Verzierung mit bemalten Wänden, Ornamenten, Wappen, Tieren und vielem mehr.

Neben zwei Restaurants beherbergt das Kornhaus noch eine Bibliothek und das Kornhausforum. Dort werden Lesungen und Vorträge abgehalten oder Ausstellungen im Bereich Gestaltung und Medien veranstaltet. Und auch vor dem Kornhaus gibt es etwas Interessantes zu sehen, den **„Kindlifresserbrunnen"** Er ist einer der Altstadtbrunnen und die Mythen um seine Symbolfigur sind weit verbreitet. Man glaubte, die unartigen Kinder würden von dieser Figur verschlungen werden. Also verhalten Sie sich angemessen in der schönen Stadt, wer weiß, welche Strafe Ihnen sonst blühen wird.

Für Kultur- und Kunstliebhaber hat Bern zahlreiche **Museen** zu bieten. Hier alle aufzuzählen, würde den Rahmen übersteigen, jedoch möchte ich Ihnen Vorschläge machen, die sehr zu empfehlen sind.

Sechs der Museen, sowie die **Schweizerische Nationalbibliothek** und das **Stadtarchiv** liegen auf der Museumsinsel, welche ganz einfach über die **Kirchfeldbrücke** zu erreichen ist. Sehr interessant ist das **Naturhistorische Museum**, welches unter anderem die Geschichte des Bernhardiner Barry erzählt, der 40 Menschen auf dem Pass des Großen Sankt Bernhards das Leben rettete. Die Exponate umfassen Tiere aus aller Welt und einen Bereich voller Riesenkristalle, die die Besucher in Staunen versetzten.

Nur wenige Meter entfernt befindet sich das **Museum für Kommunikation**. Hier verbringen Sie einen außergewöhnlichen Besuch, denn es ist eine neue Art des Museumserlebnisses. Am eigenen Leibe spüren Sie die verschiedenen Kommunikationsmittel und stoßen auf den einen oder anderen bizarren Ausstellungsgegenstand. In einigen Räumen finden auch wechselnde Ausstellungen statt, z. B. Videoinstallationen zum Thema künstliche Intelligenz. Nach Ihrem Besuch werden Sie vielleicht einen anderen Blick auf die Welt haben.

Weiter außerhalb der Stadt liegt das **Zentrum Paul Klee**. Dieser Mann war nicht nur Maler, sondern auch Musiker, Pädagoge und Dichter und seine Werke können seit 2005 im Zentrum bestaunt werden. Weltweit sind 10.000 seiner Werke erhalten und davon 4.000 im Besitz des Zentrums. Jedoch befindet sich im Innern dieser architektonischen Besonderheit mit seiner Wellenform nicht nur die Ausstellung, sondern auch der Bereich Forschung. Die charakteristische Form des Gebäudes fällt dem Betrachter schon von der Stadtautobahn aus direkt in den Blick. Außerdem wird ein Augenmerk auf die Vermittlung von Klees Leben gelegt. Neben Konzerten, Theaterstücken und Lesungen gibt es auch für Kinder einiges zu entdecken. Im Kindermuseum sind der Kreativität keine Grenzen gesetzt. Auch außerhalb des Zentrums lädt die Parkanlage zum Verweilen ein und es gibt vereinzelt künstlerische Skulpturen zu bestaunen.

Tipp: An allen Samstagen im August sind die Besuche in den Berner Museen kostenfrei. Sie können also auch mehrere an einem Tag besuchen und den ganzen Tag durch die Gebäude mit ihren Geschichten und Exponaten schlendern und Ihr Wissen auf eine wundervolle Art erweitern.

Events

So gemütlich die Berner in ihrem Alltag auch sein mögen, von Zeit zu Zeit braucht jeder Mensch etwas Abwechslung. Das ganze Jahr über gibt es immer wieder viele Events und Festlichkeiten, an denen man auch als Tourist Freude hat. Daher möchte ich Ihnen in diesem Kapitel einige davon empfehlen.

MÄRKTE

Zunächst einmal gibt es viele **Wochen- und auch Sondermärkte** in den Gassen der Stadt. Seit Anfang des 20. Jahrhunderts findet zwei Mal wöchentlich (dienstags und samstags) auf dem Bundesplatz und in der Münstergasse ein Gemüse- Früchte und Blumenmarkt statt. Märkte haben in einem so traditionsliebenden Land eine außerordentlich große Bedeutung. Es ist schön mit anzusehen, wie die Menschen miteinander ins Gespräch kommen und sich die Waren von Hand zu Hand weitergeben in einer Zeit, in der alles online geschieht.

Ein erstes Markthighlight im Jahr ist der **„Graniummärit"** jedes Jahr im Frühling auf dem Bundesplatz, welcher erstmals im Jahr 1957 stattfand. Während zwei Tagen werden hier die Graniumkönigin und der Graniumkönig inmitten von fast 10.000 Geranien und über 5.000 anderen Balkonpflanzen gekürt. Alles dreht sich hier um das Thema Blumen und Garten und so erblüht Bern in einem Meer aus bunten Farben. Es ist also nicht verwunderlich, dass Bern im Jahr 1984 den Titel „schönste Blumenstadt Europas" gewann.

Ein Spezialmarkt ist der **„Zwiebelmärit"**. Dieser

ist ein wahres Fest, ja er hat eine Ähnlichkeit mit einem Jahrmarkt. Entstanden ist er im Mittelalter als Teil des Martinsfestes mit einer Martinsmesse. Diese ist heute nicht mehr erhalten und der Zwiebelmarkt ist beliebter denn je. Jedes Jahr am 4. Wochenende im November tummeln sich die Menschenmassen von früh morgens bis abends in den Hauptgassen, auf dem Bundes- und Waisenhausplatz und bestaunen die Waren an über 200 Ständen.

Wie der Name schon verrät, steht die Zwiebel im Mittelpunkt des Festes, und zwar nicht nur zum Essen, sondern auch zum Staunen. Schauen Sie sich die mutigen Sportler an, die beim „Zwiebelschwümme" ihre Bahnen in der Aare ziehen, beobachten Sie den Umzug durch die Stadt mit maskierten Gestalten oder lassen Sie sich nachmittags von der guten Laune im Konfettiregen mitreißen. Neben typischen Marktwaren werden hier insgesamt eine unglaubliche Zahl von über 50 Tonnen Zwiebeln und Knoblauch verkauft. Aber nicht einfach nur lose oder in Beuteln und Säckchen, nein, es gibt kunstvoll geflochtene Zwiebelketten und Zöpfe in allen Farben, die das Gemüse zulässt. Tauchen Sie ein in die Geruchs- und Geschmackswelt dieser Kunst und genießen Sie die verschiedenen Zwiebelgerichte. Ein traditioneller Brauch ist aus der Martini-Zeit noch erhalten geblieben: Das Festessen mit Käse- und Zwiebelkuchen. Es gibt natürlich auch schon den ein oder anderen Glühwein und für die Süßspeisenliebhaber ist auch etwas zu finden.

SPORT

Gehen wir nun weg von den Genüsslichkeiten und kommen zum Sport. Immer schön mit anzusehen, sind die Spiele der **BSC Young Boys**, der Fußball-Traditionsverein seit 1898. Ihre Heimat ist das **Stade de Suisse**, welches Platz für 32.000 Zuschauer bietet. Schauen Sie doch mal vorbei und erleben Sie den Sport der gelb-schwarzen Mannschaft hautnah.

> *Wissenswert: Das Dach des Stadions trägt auf seiner Fläche von 12.000 qm fast 7.000 Solarpaneele und ist somit das weltgrößte Sonnenkraftwerk auf einem Stadiondach. Diese Paneele produzieren jährlich Strom für 200 Berner Haushalte und sind nur eine der Eigenschaften, mit denen sich Bern das Label „Energiestadt Gold" verdient hat.*

Wer nicht nur zuschauen, sondern auch mitmachen möchte, ist herzlich eingeladen, an einem der beiden Läufe mitzumachen. Einerseits gibt es seit über 30 Jahren den **Schweizer Frauenlauf** in der Hauptstadt, der jährlich im Juli stattfindet. Er ist der größte Frauenlauf auf europäischem Festland und führt die Athleten über 5 km durch die Innenstadt zum Bundesplatz als Zielort.

Andererseits gibt es auch noch den **Grand Prix von Bern** mit einer Strecke von 16 km, die auch teilweise starke Steigungen beinhaltet. Jedes Jahr im Mai messen sich hier 20.000 Läufer mit ihren Gegnern in vier Kategorien. Ob als Läufer oder Zuschauer, Spaß ist hier garantiert.

SONSTIGE HIGHLIGHTS

Nicht mehr so sportlich, aber laut geht es jedes Jahr auf dem Gurten, dem Berner Hausberg, zu. Hier findet das **Gurtenfestival** statt, was Menschen aus allen Ländern in die Schweiz lockt. Im Sommer tummeln sich Zehntausende von Fans auf den Wiesen des Berges und lauschen dem Mix aus Musikgenres von internationalen Größen. Besonders wichtig ist den Veranstaltern immer auch nationale Künstler im Programm zu haben, um die Schweizer Musikindustrie zu unterstützen und die Musik in die Welt zu tragen.

Den Höhepunkt des Sommers und eigentlich auch des ganzen Jahres bildet in der Schweiz und insbesondere in der Hauptstadt der **Nationalfeiertag am 1. August**. Was für den Einen das Silvesterfeuerwerk sein mag, ist für den Schweizer dieses Ereignis. Gerade für deutsche Touristen ist es ein unfassbares Erlebnis, zu sehen, wie viel Liebe und Tradition in diesem Feiertag stecken und wie sehr die Schweizer Bürgerinnen und Bürger diesen Tag und ihr Land lieben. Die ganze Stadt ist erleuchtet von Lampions und in jedem Blumentopf stecken die Schweizer Nationalflaggen und die Fähnchen mit

dem Bärenwappen. Girlanden säumen die Altstadt-
balkone und ein Gefühl von Nationalstolz liegt in der
Luft. Die Menschen tummeln sich aufgeregt in der
Stadt und können es kaum erwarten, bis das Feuerwerk am Abend entzündet wird. Aber auch tagsüber
gibt es vieles zu erleben. Der Lampionumzug durch
die Altstadt begeistert große und kleine Gäste und
der Zeitglockenturm wie auch das Bundeshaus öffnen ihre Türen, um besichtigt zu werden.

Auch die Hörsinne kommen an diesem Tag nicht
zu kurz, mehrere Musiker spielen auf den Straßen
und Jodlervereine geben Konzerte vor dem Berner
Münster. Hier wartet außerdem ein großes Festzelt,
in dem Sie sich gegen einen kleinen Eintrittspreis
unter das Berner Volk mischen können. Besonders
rings um die Gassen des Bundesplatzes wird groß
gefeiert. Überall sind Stände aufgebaut und Sitzgele-
genheiten zwischen den einzelnen Anlaufstellen.
Duellieren Sie sich doch bei einer Runde Billard unter freiem Himmel oder grillen Sie ihr eigenes Essen
bei der Gartenparty mit öffentlichen Grills im Park
neben dem Bundeshaus. Bei Einbruch der Dunkel-
heit überfluten die bunten Windlichter den Bundesplatz und bilden ein Lichtermeer. Für das leibliche

Wohl ist natürlich auch gesorgt. Viele Restaurants und Cafés tischen an diesem Tag mehrgängige Menüs oder Barbecues auf. Den krönenden Abschluss bildet das Feuerwerk, welches um 22:30 auf dem Gurten beginnt. Suchen Sie sich ein schönes Plätzchen, um diesen Anblick zu genießen.

> *Tipp: Wer frühzeitig reserviert, kann das Feuerwerk von der Dachterrasse des Hotel Schweizerhof betrachten. Ein unglaubliches Erlebnis über den Dächern der beleuchteten Stadt.*

Sie mögen es bunt und verrückt? Dann ist die **Berner Fasnacht** genau das Richtige! Am 11.11. wird die Narrenzeit eingeläutet, in Bern mit einem speziellen Brauch. Der Berner Fasnachtsbär wird bei der „Gugge Party" in das Gemäuer des alten Gefängnisses im Käfigturm gesperrt und erst nach Aschermittwoch wieder frei gelassen. Das wird dann natürlich ausgiebig mit bunten Kostümen, Umzügen und traditioneller Guggenmusik gefeiert. Die besten Kostüme werden natürlich auch prämiert nach dem Motto: Je auffälliger, desto besser! Drei Tage lang wird in den Gassen der Hauptstadt ausgiebig gefeiert und es gibt ein reichhaltiges Programm für Jung und Alt. Tauchen Sie ein in die närrische Zeit und wenn Sie mögen, dann verkleiden Sie sich auch!

Wissenswert: „Guggenmusik" wird zur Fasnachtszeit gespielt und betitelt eine Blaskapelle, die vor allem durch auffällige Kostüme geprägt ist. Die Guggenmusiker spielen bei den Fasnachtsumzügen mit und sorgen bei den Zuschauern mit ihrer Musik für gute Laune. Bunte Federn, glitzernde Pailletten oder verrückte Masken sind das Markenzeichen eines Guggemusikers.

Seit über 40 Jahren findet im Frühling das **Internationale Jazzfestival Bern** statt. Es zählt zu den ältesten seiner Art in Europa und begeistert die Zuschauer über eine Zeitspanne von 10 Wochen mit den Klängen der Jazzstimmen und Instrumenten aus aller Welt. Es lohnt sich auch als Jazz-Neuling diese fantastischen Auftritte zu besuchen. Den Großteil der Künstler kann man im „Marians Jazzroom", einem der besten Jazzclubs der Welt, sehen und hören. Spätestens nach ein paar Minuten, wird jedem das Tanzbein zucken und gute Stimmung kommt auf.

Schlendern Sie durch die Gassen und genießen Sie die lässigen Rhythmen, die durch die Stadt schwingen.

Ebenfalls im Frühling findet jährlich die **Museumsnacht** statt. Neben den Museen öffnen auch andere Institutionen wie das Bundeshaus oder die Kunsthalle ihre Türen für die Nachtschwärmer. Die Gebäude der Stadt werden in bunten Farben beleuchtet und bieten den Besuchern einen Abend der Extraklasse. Das Ticket beinhaltet den Eintritt in alle teilnehmenden Veranstaltungshäuser sowie die Nutzung der öffentlichen Transportmittel und kann an verschiedenen Verkaufsstellen erworben werden. Neben den Regelbussen und Trams werden auch Fahrten mit Oldtimern und Dampftrams angeboten. Steigen Sie ein und lassen Sie sich in den Botanischen Garten bringen, der in dieser Nacht einen ganz besonderen Charme im Glanz der Lichter ausstrahlt. Die meisten Programmpunkte beginnen um 18 Uhr und dauern bis in die frühen Morgenstunden an. Ein perfektes Kulturangebot für alle Nachtschwärmer da draußen!

Wie in jeder großen Stadt gibt es natürlich auch in Bern ein zünftiges **Stadtfest**. An drei Tagen wird in der Stadt und auf die Stadt angestoßen. Mehrere Vereine sorgen für einen reibungslosen Ablauf und überall verteilt sind Bühnen zu finden. Das Programm richtet sich nach den jeweiligen Anfragen von Menschen, die bereit sind, etwas vorzuführen und ist dadurch sehr vielfältig. Ob es nun eine Lesung, ein Schauspiel, etwas aus dem Bereich Sport oder Politik oder eine musikalische Darbietung ist, ist völlig egal. Jeder ist herzlich eingeladen, sich bei der Stadt zu bewerben. Dadurch ist das Programm auch sehr vielseitig und jedes Jahr ein neues Erlebnis. An den vielen Ständen in der Stadt sind natürlich auch Speisen und Getränke zu finden.

Unter dem Namen **„Rendez-vous Bundesplatz"** wird das Bundeshaus jährlich im Herbst mit Lichttechnik in Szene gesetzt. Die Zuschauer können über mehrere Wochen die halbstündige Inszenierung bestaunen, die sich jedes Jahr um ein bestimmtes Motto dreht. Seit 2011 gibt es dieses atemberaubende Event und es waren schon allerlei Themen dabei, beispielsweise die Mondlandung oder eine Reise durch die Zeit. Dieses Event, mit einem Mix aus Farben und Lichtern, die eine Geschichte erzählen, ist auf jeden Fall ein unvergessliches Erlebnis!

ADVENTSZEIT

Zum Jahresende hüllt sich Bern in sein weihnachtliches Gewand. Lichter und Laternen erleuchten die Stadt und der Duft von Gebäck liegt in der Luft. Gerade in der Weihnachtszeit bekommt man nur noch mehr Lust auf die originale Schweizer Schokolade und süßes Gebäck.

In der Stadt finden auf den Plätzen und in den Gassen mehrere Märkte statt. Ein Highlight ist der **Markt auf dem Vorplatz des Berner Münsters**. Eingehüllt in die gemütlichen Häuser und den imposanten Kirchturm lässt sich hier Handwerkskunst aller Art bestaunen und natürlich gibt es auch die einen oder anderen Unikate zu kaufen. Auch hinter dem Münster herrscht ein großes Treiben. Auf der Münsterplattform stehen über 100 Handwerksstände dicht an dicht und man mag hier vielleicht das perfekte Weihnachtsgeschenk für seine Lieben finden. Ob verschnörkelt und aufwendig verziert oder rustikal und hölzern, jedes Meisterwerk findet seinen Platz unter den liebevoll dekorierten Dächern der kleinen Stände.

Einer der beliebtesten und noch sehr jungen Weihnachtsmärkte ist der Berner Sternenmarkt.

Neben dem Bundeshaus im Park der kleinen Schanze gelegen findet sich hier ein kleines Winterwunderland zusammen. Vom Bahnhof aus erreichen Sie diesen magischen Ort in wenigen Gehminuten. Ein Mix aus Tradition und Moderne lädt die Besucher ein, auf eine Reise durch die funkelnden Lichter der kleinen Häuser. Liebevoll gestaltet wie ein eigenes Land mit Wegweisern und allem was das Herz begehrt. Wärmen Sie sich doch genüsslich im Fondue-Chalet auf oder bestaunen Sie den beleuchteten Wasserfall. Ob nur zum Schauen oder um etwas Kleines zu kaufen, hier sind Sie richtig. In den 70 Ständen gibt es Leckereien und Dekoartikel, Handwerkskunst und Mode zu entdecken. Und natürlich haben Sie hier einen wunderbaren Ausblick über die leuchtende Stadt und die Aare. Zudem wird ein abwechslungsreiches Programm geboten, welches vor allem für Kinder interessant ist. Hier darf gebastelt, geschminkt oder einer Lesestunde gelauscht werden. Und auch den „großen" Kindern wird bei den Konzerten und Jodelkursen nicht langweilig werden.

Tipp: Wer etwas ganz Außergewöhnliches sucht, ist beim „Rummelbummel" gut aufgehoben. Mit einem klassischen Weihnachtsmarkt hat diese Festigkeit nur wenig gemeinsam. Im Innenhof vom PROGR Zentrum für Kulturproduktion hat man das Gefühl, ein Schrottplatz würde im Licht der kleinen Glühbirnen weihnachtlich erstrahlen. Alte Möbel und andere nicht mehr brauchbare Gegenstände sind liebevoll in Szene gesetzt und ein großes Schild weist den Weg zum Glühweinstand. Ein altes Karussell darf natürlich auch nicht fehlen. Zwischen mit Graffiti besprühten Wänden und bunten Lampions steht eine Bühne, auf welcher die Künstler ihr Talent zum Besten geben. Treten Sie ein in dieses kuriose Spektakel und erleben Sie die Weihnachtszeit auf eine ganz neue Art!

Unterkünfte

O b Sie nun mitten in der Stadt in einem der renommierten Hotels, Hostel oder vielleicht auch etwas außerhalb in einer Ferienwohnung oder auf einem Campingplatz übernachten, ist Ihnen natürlich selbst überlassen. Ich möchte Ihnen nun einige Tipps geben, die Sie bei Ihrer Wahl in Betracht ziehen können.

Von den unzähligen Hotels, unter denen auch mehrere mit einer hohen Zahl an Sternen ausgezeichnet sind, ist das **Hotel Allegro** sicherlich eine gute Wahl. Es liegt außerhalb der Altstadt direkt an der Kornhausbrücke, welche zum Zentrum führt. Sie erreichen Ihre gewünschten Ziele von hier aus also in nur wenigen Minuten. Mit 170 Zimmern sowie zwei Restaurants, einer Bar, einem Fitness-Center und einem Casino ist das Hotel bestens ausgestattet und bietet eine gratis Nutzung der öffentlichen Verkehrsmittel an. Außerdem gibt es verschiedene Angebote wie beispielsweise ein Casino-Wochenende.

Für den kleineren Geldbeutel ist das **Hostel 77** sicher eine gute Alternative. Neben einem reichhaltigen Frühstücksbuffet sind hier auch Wi-Fi und das Bern Ticket für den Öffentlichen Nahverkehr im Preis inbegriffen. Auf Wunsch wird am Abend auch ein 3-Gänge-Menü angeboten. Außerdem gibt es viele Vergünstigungen für Familien und je nach Alter zahlen Kinder einen reduzierten Preis. Außerdem ist das ganze Haus behindertengerecht gebaut und bietet dadurch allen Menschen uneingeschränkt eine tolle Übernachtungsmöglichkeit. Das frühere Krankenhaus ist heute eine Oase am Fuße des Gurten und überzeugt durch seine Liebe zum Detail, einem Garten mitten in der Stadt und insbesondere seiner Gastfreundlichkeit.

Nur wenige Meter entfernt von der Stadt finden Naturliebhaber ihre Ruhe auf dem **Campingplatz**

Eichholz. Sie wachen morgens unter den grünen Bäumen auf und können eigentlich sofort ein Bad in der kühlen Aare nehmen. Auch hier bekommen Sie das Bern Ticket und gelangen mit der Tram in kurzer Zeit in die Stadt, um Ihre Sightseeingtour zu starten. Außerdem findet sich ein Restaurant auf dem Campingplatz, in welchem Sie sich für eine Wandertour auf den vielen Wegen rings um die Stadt stärken können.

Bern für Genießer

Was wäre ein Urlaub in einer fremden Stadt, wenn man nicht die ganzen Köstlichkeiten probieren würde? Gerade in einem Land, welches einen großen Wert auf das Thema Genuss legt, darf dieses Kapitel natürlich nicht fehlen. Die Schweizer Schokolade, Plätzchen und der Käse sind weltbekannt und das auch mit gutem Grund. Auch in der Hauptstadt gibt es eine große Auswahl an Restaurants und Cafés, in denen die feinsten Gerüche auf Sie warten und die besten Gerichte verkostet werden können, da fällt die Entscheidung oft schwer.

RESTAURANTS

Das berühmt berüchtigte und mit 5 Sternen ausge-
zeichnete **Hotel Schweizerhof** bietet Ihnen verschiedene Möglichkeiten, den Schweizer Genuss zu
erleben. Eine Brasserie, eine Bar, eine Cigar Lounge
und eine Panorama-Terrasse lassen Sie im Luxus
träumen. Streng nach dem Motto der Regionalität
werden hier die besten Lebensmittel zu den wun-
dervollsten Gerichten verarbeitet. Ein besonderes
Erlebnis dürfte wohl das gemütliche Beisammensein
auf der Dachterrasse bei einem Fondue oder Raclette sein.

Auch im **Restaurant Lötschberg** dreht sich alles um die Schweizer Küche mit einem speziellen Augenmerk auf nachhaltigem Anbau und Produktion.
Besonders sind hier die Verwendung der AOP Produkte, die sich überall auf der Speisekarte finden lassen. Wenn Sie richtig traditionelle Schweizer Speisen genießen möchten, sind Sie hier genau richtig.
Mit einer Vielzahl an Käse, Fondue, Raclette, Rösti
und hausgemachten Spätzle ist das Restaurant kaum
zu überbieten. Liebevoll ausgewählt Namen machen
Lust, die verschiedenen Gerichte zu probieren. Wie
wäre es denn mit einem Salat „Mönch" oder einem

„Lötschberg Burger"? Auch bei der Vielfalt an Schweizer Desserts hat man die Qual der Wahl, denn diese Auswahl ist nicht zu unterschätzen. Genießen Sie nach Ihrem Hauptgang vielleicht noch ein „Merängge"?

Direkt am Bärengraben gelegen, ist das **„Altes Tramdepot"**. Neben regionalen Gerichten können Sie hier auch Bier aus der eigenen Brauerei bestellen. Den Prozess der Herstellung können Sie sogar live mitverfolgen, wenn Sie die Stufen nach unten in den Keller nehmen, denn dort sehen Sie hinter den Glasfenstern die Produktion. Sie können natürlich auch eine Führung durch die Brauerei machen, um noch mehr spannende Informationen zu erhalten. Nebenbei können Sie Ihr Bier in Flaschen oder Fässern erwerben, um auch zuhause noch in den Genuss des Berner Getränks zu kommen.

Natürlich bietet Bern auch den vegetarisch und vegan lebenden Gästen eine Möglichkeit, sich zu stärken. Das **Restaurant tibitis**, welches pflanzenbasierte Kost anbietet, ist gleich zwei Mal in der Stadt aufzufinden. Einmal direkt im Bahnhof und in der Gurtengasse. Hier gibt es alles, was das Herz höherschlagen lässt, von Birchermüsli über frische

Säfte und Gemüserösti mit Tofuwürsten bis hin zu veganem Käsekuchen. Bedienen Sie sich am Buffet, egal ob zum Frühstück oder im Laufe des Tages, oder nehmen Sie Ihre Matcha-Latte und ein Gipfeli für unterwegs mit.

CAFÉS UND SÜßES

Gleich neben dem Alten Tramdepot erwartet Sie eine pure Gaumenfreude, besonders im Sommer: die **Eiswerkstatt**. Hergestellt aus natürlichen Zutaten erwartet Sie hier hausgemachtes Eis in 22 Kreationen, welche auch je nach Saison wechseln können. Haben Sie schon einmal eine Kugel Himbeer-Thymian oder Kalamansi probiert? Außerdem erleben Sie hautnah mit, wie das Eis in der Werkstatt hergestellt wird, da schmeckt es doch gleich noch viel besser! Im Winter warten auch warme Waffeln mit verschiedenen Toppings auf Sie.

Im PROGR, einem Atelierhaus, findet sich ein Café der besonderen Art, das **„Lehrerzimmer"**. Neben Getränken und Speisen werden hier auch einzelne Kunstwerke und Bücher ausgestellt, die teilweise auch verkäuflich sind. Genießen Sie einen

Kaffee oder Tee und eine Kleinigkeit zu essen und lauschen Sie den Gesprächen über Kunst und Philosophie.

Wenn Sie nach einem essbaren Mitbringsel suchen, dann treten Sie ein in die **Confiserie Eichenberger**. Hier werden traditionelle Berner Spezialitäten von Hand zubereitet und liebevoll dekoriert. **Berner Haselnusslebkuchen** mit dem Berner Bären aus Zuckerguss oder die berühmten „**Mandelbärli**"

Nach Berner Käse, Bier und Plätzchen darf natürlich auch die Schokolade nicht fehlen. Treten Sie ein in eine „**Läderach**" Filiale und lassen Sie sich von den himmlischen Düften überwältigen. Die schokoladigen Kreationen sind liebevoll verpackt und Sie haben auch die Möglichkeit, Ihre eigenen Tüten zusammenzustellen. Die Marke steht schon seit fast 60 Jahren für Schweizer Qualität und ist bei Groß und Klein gleichermaßen beliebt.

Tipp: Wenn Sie mehr über die Welt des süßen und salzigen Gebäcks erfahren möchten, dann ist ein Besuch in der Kambly Erlebniswelt genau das Richtige. Die Schweizer Traditionsmarke fertigt süße und herzhafte Köstlichkeiten in allen Variationen an und das mitten im Emmental. Reisen sie bequem per Zug zu Ihrem Erlebnis. Und das Beste: Im Shop können Sie jede Sorte verkosten, denn auf den Regalen voller Kekse und anderen Leckereien stehen Schalen zum Probieren. Und wenn Ihnen eine Sorte besonders gut schmeckt, darf es auch mal ein Keks mehr sein, nehmen Sie sich so viele Sie möchten!

Wissenswert: Sowohl die Marke Lindt als auch die Kreationen aus dem Hause Toblerone haben ihren Ursprung in der Hauptstadt. Rodolphe Lindt kaufte im Jahre 1900 alte Mühlen, die teilweise einem Brand zum Opfer gefallen waren. Diese restaurierte er und experimentierte eine lange Zeit mit einer Mischung aus Kakaomasse und Kakaobutter, bis er schließlich die so beliebte Schokolade kreierte. Das Geheimnis hinter der Schmelzschokolade, auch „chocolat fondant" genannt, liegt in der Herstellung. Im Conchierverfahren wird über mehrere Tage die Masse gerührt, bis eine cremeähnliche Struktur entsteht. Von diesem Zeitpunkt an begann eine ganz neue Genusswelt, denn die bisher käufliche Schokolade waren dunkle, bittere und brüchige Blöcke, die eigentlich nur in Getränken verarbeitet wurden. Einige Jahre später kamen John Tobler und sein Sohn auf die Idee noch weitere Zutaten hinzuzufügen. Mit der Zugabe von Mandeln, Nugat und Honig kreierten sie eine Schokoladentafel in einer speziellen Form, die „Toblerone". Dies war die erste Schokoladenmarke weltweit, die patentiert wurde und heute immer noch durch seine markante Form berühmt und beliebt ist.

SHOPPING

Beim Flanieren entlang der Schaufenster darf natürlich der ein oder andere Artikel in der Einkaufstüte landen. Besonders unter den Lauben der Hauptgassen können Sie ausgelassen shoppen. Von Handwerkskunst und Möbel über Designermode bis hin zu Sportgeschäften und Dekoartikeln finden Sie alles in den kleinen Läden und den großen Kaufhäusern Berns.

> **Wichtig: Vergessen Sie nicht, dass in der Schweiz eine andere Währung verwendet wird: Der Schweizer Franken. Geld wechseln können Sie an Bahnhöfen, an den Schaltern einer Bankfiliale oder an den Tourismusinformationen.**

Eigentlich eine Sehenswürdigkeit, die man sich nicht entgehen lassen sollte, ist das **Warenhaus Loeb**. Zentral gelegen in der Nähe des Bahnhofplatzes zieht das Kaufhaus mit seinen schön hergerichteten Schaufenstern die Menschen von nah und fern in seinen Bann, und das schon seit 1881. Das Warenhaus ist noch immer im Besitz der Familie Loeb, mittlerweile schon in der 5. Generation, und präsentiert seine Waren auf acht Stockwerken. Hier lässt sich alles in den Kategorien Wohnen, Mode, Kosmetik und Genuss finden. Neben 12 Lebensmittelgeschäften mit verschiedenen Produkten aus aller Welt, lädt ein Restaurant mit Augenmerk auf Frische und Vitalität mit ausgewogenem und zusätzlich veganem Angebot zum Pausieren der Shoppingtour ein.

In der **Sattlerei Fiona Losinger** gibt es handgemachte Lederwaren zu kaufen. Das Geschäft ist gleichzeitig Verkaufsraum und Werkstatt. Kunden können hier auch nach eigenen Wünschen Taschen, Rucksäcke und vieles mehr anfertigen lassen. Das zu verarbeitende Leder ist ausschließlich pflanzlich gegerbt und die Zulieferung verläuft über möglichst ökologische Wege. Handarbeit wird hier groß geschrieben und das merkt man auch an der langen Haltbarkeit der Produkte. Und so eine echte Berner Handtasche ist auf jeden Fall ein Blickfang beim nächsten Event!

Mh, was duftet denn da? Die **Berner Seifenmanufaktur „blubb"** bietet von Hand produzierte Seifen in den verschiedensten Kreationen und lässt Ihren Geruchssinn auf eine Reise der Düfte gehen. Die Seifen gibt es natürlich auch in verschiedenen Formen und Farben und sind daher perfekt geeignet als Geschenk. Wie wäre es mit einem nach Rosen duftenden Berner Bär? Neben festen Seifen gibt es auch allerhand flüssige Körperpflegeprodukte sowie Zubehör, selbst für die geliebten Vierbeiner sind Seifen zu finden!

Ein Lädchen, welches auf keiner Shoppingtour

fehlen darf, ist das **Fizzen**. Abseits des Trubels der Hauptgassen liegt dieser tolle Laden im Ryffligässchen, nicht weit vom Bahnhof entfernt. Eigentlich als Fahrradladen im Jahre 1992 gegründet, entschied sich der Inhaber kurzerhand für den Verkauf von Secondhand-Kleidung und Retro-Artikeln. Heute lassen sich neben Mode und Deko auch verschiedene künstlerische Designs sowie Schmuck finden. Neben dem regulären Verkauf gibt es auch eine Ecke mit „Reworked Vintage"- Teilen, darunter sind auch sehr viele Unikate zu entdecken. Eine kleine Besonderheit am Standort Bern ist auch der zugehörige Frisörladen, der sehr gut in das Design des Ladens eingefügt ist.

Tipp: Ab einem Einkaufswert von 20 Schweizer Franken erhalten Sie einen farbigen Stoffbeutel mit Fizzen-Logo gratis dazu, denn normale Einkaufstüten können Sie hier lang suchen! Wer auch ohne Einkauf einen solch modischen Beutel haben möchte, kann ihn auch einzeln an der Kasse kaufen.

Anreise und Mobilität

Durch die relativ zentrale Lage Berns im Herzen der Schweiz ist die Infrastruktur sehr gut ausgebaut und Sie haben mehrere Möglichkeiten, Ihren Urlaub oder Städtetrip in Bern zu verbringen.

MIT DEM FLUGZEUG

Wenn Sie sich für eine **Flugreise** entscheiden, haben Sie die Möglichkeit, in Bern, Zürich, Genf oder Basel zu landen. Der Vorteil eines doch relativ kleinen Landes ist, dass Sie Ihr Ziel aus allen Richtungen in einer angemessen kurzen Zeit erreichen. Für Gäste, die innerhalb der Stadt übernachten, ist der Flughafentransport des Berner Flughafens umsonst. Entscheiden Sie sich für einen der drei anderen Flughäfen, können Sie im 30 Minuten-Takt per Zug in die Hauptstadt gelangen und benötigen dafür nie mehr als zwei Stunden.

MIT DEM ZUG

Bei einer **Zugreise** gelangen Sie ganz einfach von verschiedenen Großstädten in Europa in die Hauptstadt. Auch die Direktverbindungen in die größeren Schweizer Städte bieten einen Vorteil und Sie können ganz einfach einen Ausflug einplanen. Sie kommen mit dem Zug am Berner Bahnhof an und können direkt in Ihren Urlaub starten. Der Bahnhof ist gleichzeitig ein Shoppingcenter und beherbergt einige kleine Kiosks und Restaurants, um sich zu stärken. Auch die Möglichkeiten zum Geldwechsel sind an den Serviceschaltern gegeben, denn bedenken Sie, in der Schweiz ist der Schweizer Franken die Währung. Außerdem ist der Bahnhof der perfekte Ausgangspunkt für alle möglichen Unternehmungen, da er sehr zentral in der Stadt liegt. Stadtpläne und Anregungen für Ihre Reise erhalten Sie auch im Bahnhof an der Tourismusinformation. Außerdem bietet das Reisezentrum den Gästen die Möglichkeit, Gepäck aufzubewahren, falls Sie nicht sofort in Ihre Unterkunft möchten oder noch nicht einchecken können. Das Servicepersonal hilft Ihnen gerne und steht Ihnen bei Problemen aller Art beratend zur Seite.

MIT DEM AUTO

Natürlich können Sie auch mit Ihrem **Auto** anreisen. Bern ist bestens an das Autobahnnetz angeschlossen und Sie können bequem aus der gewünschten Richtung anreisen. Innerhalb Berns mag es die einfachste Lösung sein, Ihr Auto in einem Parkhaus oder auf einem Parkplatz abzustellen, da die Innenstadt größtenteils von einer Fußgängerzone gebildet wird. Mit

9 Parkhäusern im Zentrum und nahe gelegenem Umkreis sollte dies kein Problem darstellen. Natürlich gibt es auch mehrere Parkplätze, jedoch sind die oft sehr teuer und die Parkdauer nur begrenzt.

MIT DEM BUS

Beliebt ist gegenwärtig auch die Anreise per Bus. In diesem Falle sollten Sie sich an Ihr Busunternehmen wenden, aber für gewöhnlich würden Sie auch hier am Berner Bahnhof ankommen.

ÖFFENTLICHER NAHVERKEHR

Um sich in Bern fortzubewegen, stehen Ihnen außer den Fußwegen mehrere andere Arten von Transportmitteln zur Verfügung. Das öffentliche Nahverkehrsnetz ist in der Stadt sehr gut ausgebaut und wird von vielen Bernerinnen und Bernern gerne genutzt. Daher besitzen 44 % der Haushalte kein eigenes Auto. Insgesamt gibt es im Stadtgebiet 13 Bahnhöfe, 5 Tramlinien und 34 Buslinien. Streng nach dem Label und Motto der „grünen Stadt" fahren die

Trams und die Mehrzahl der Busse sogar mit CO_2-neutralem Biogas. Die sogenannten „Moonliner" fahren auf 20 Linien und bringen die Berner sowie die Besucher an den Wochenenden nachts zu ihren Zielorten. Seit Sommer 2019 gibt es noch eine weitere mobile Attraktion in der Hauptstadt: der selbstfahrende Kleinbus, der auf der Strecke vom Bärenpark zur Station der Marzilibahn verkehrt. Hierbei handelt es sich um ein Projekt mit dem Ziel, den öffentlichen Verkehr noch weiter zu optimieren. Von Montag bis Freitag findet sich in diesem elektrisch betriebenen Mobil Platz für 8 Personen und ist ebenfalls rollstuhlgeeignet. Begleitpersonal ist immer vor Ort und begibt sich mit Ihnen auf die gemütliche Fahrt mit 20 km/h. Seien Sie dabei und testen Sie diese Weltneuheit!

Falls Sie in einer Unterkunft in der Stadt übernachten, haben Sie die Möglichkeit, das **„Bern Ticket"** zu nutzen. Damit können Sie die öffentlichen Verkehrsmittel in den Zonen des Stadtgebietes nutzen, ebenso kostenfreie Fahrten mit der Gurten- und Marzilibahn sowie dem Münsterplattformlift. Außerdem ist der Transfer zum Flughafen gratis.

CARSHARING

Eine weitere Möglichkeit besteht darin, sich ein Auto zu mieten. Dies ist insbesondere dann sinnvoll, wenn Sie im Berner Umland übernachten oder einen Ausflug machen möchten. Das „Carsharing" Prinzip funktioniert mithilfe einer App, mit welcher Sie sich ein Auto mieten können. Je nach gewähltem Tarif können Sie dieses an Ihrem Ziel abstellen, oder bringen es wieder zum Ausgangsort zurück.

VELOMIETE

Mögen Sie es sportlicher? Dann mieten Sie sich doch ein Velo an einer der vielen Velostationen in der Stadt! Sie haben die Wahl zwischen klassischen Fahrrädern, E-Bikes oder Mountainbikes. Außerdem steht Ihnen Ausrüstung zur Verfügung. Sie benötigen lediglich ein amtliches Dokument als Pfand, um Ihren Mietvertrag abzuschließen.

TAXI

Und falls Sie es einmal eilig haben sollten, oder die Zeiten der Bus- und Tramlinien nicht mit Ihrer Planung kompatibel sind, können Sie natürlich auch die Taxis benutzen.

Tipp: Halten Sie unbedingt auch Ausschau nach Sonderfahrten der Berner Transportmittel! Mehrmals im Jahr gibt es öffentliche Rundfahrten und Themenfahrten wie beispielsweise die „Fondue-Tram". Tauchen Sie ein in die Stadtgeschichte Berns und erkunden Sie die Stadt mithilfe einer der historischen Dampftrams oder Oldtimerbussen mit Baujahren der 1830er Jahre.

Das Wichtigste in Kürze

Egal, mit welchem Verkehrsmittel Sie anreisen, wo Sie übernachten und wie lange Ihr Aufenthalt in Bern auch sein mag: Es lohnt sich, diese kleine, aber feine und geheimnisvolle Stadt inmitten des Berner Oberlandes und im Herzen der Schweiz zu besuchen. Ich hoffe, ich konnte Ihnen einige Anregungen für Ihren Besuch geben, aber scheuen Sie sich nicht, auf eigene Faust die Stadt zu erkunden. Mit seinen verwinkelten Ecken und kleinen Häusern, die sich Seite an Seite zwischen der Aarekurve aneinanderreihen, lädt Bern Sie auf eine Entdeckungstour der besonderen Art ein. Auch die Bernerinnen und Berner sind oft überrascht von neuen kleinen Läden und wundervollen Orten, die wie aus dem Nichts vor ihren Augen auftauchen. Bern ist eine wahrhaft schöne Stadt, die Jedermann auf seiner Liste der Reiseziele haben sollte. Lassen Sie sich verzaubern von den Bären, die in der ganzen Stadt zu sehen sind und Sie immer wieder daran erinnern, wo Sie sich gerade befinden. Also lassen Sie sich von der Berner Mentalität und den Traditionen mitreißen und verzaubern, fernab von der Hektik Ihres Alltags. Lassen Sie Ihre Seele baumeln, schießen Sie Panoramabilder, werden Sie zum Gourmet, oder feiern Sie mit bei den zahlreichen Events. Ich bin mir sicher, Sie werden wundervolle, unvergessliche Tage in dieser Stadt verbringen und sicherlich auch noch das ein oder andere Mal zurückkommen. Bern ist vieles, aber auf keinen Fall langweilig!

Packliste

Geld & Finanzen

O (evtl.) Auslandswährung
O Bargeld
O Bauchtasche
O Brustbeutel
O Bauchtasche
O EC-Karte
O Kreditkarte
O Notfall-Telefonnummern der Banken
O Portmonee

Hygiene

O Haarbürste / Kamm
O Deo (klein)
O Shampoo
O Kulturtasche
O Sonnencreme
O Taschentücher

O Reise-Zahnbürste und Zahnpasta
O Verhütungsmittel

Kleidung

O Badeklamotten
O Gürtel
O Hosen kurz / lang
O Mütze / Cap / Hut
O Pullover
O Regenjacke
O Schlafanzug
O Socken
O Sonnenbrille
O Sportklamotten / Jogginghose
O T-Shirts
O Unterwäsche

Medikamente

O Blasenpflaster
O Anti-Durchfalltabletten
O Erste-Hilfe-Set

O Fiebertabletten
O Fiebertabletten
O Mückenschutz
O sonstige Medikamente
O Pflaster
O Kopfschmerztabletten

Unterlagen & Papiere

O ADAC Unterlagen
O Adresslisten für Postkarten
O Krankversicherungsnachweis
O Stadtplan
O Führerschein
O Unterlagen für die Unterkunft
O Wasserdichte Hülle für Reiseunterla-
gen
O Impfausweis
O Mietwagenunterlagen
O Personalausweis
O Reisepass
O Reisetagebuch
O evtl. Studentenausweis

O evtl. Visum

O Zug- / Bahn- / Flugticket

Taschen & Rucksäcke

O Koffer / Trolley / Reisetasche

O Regenhülle für Rucksack

O Rucksack

Schuhe

O Badeschlappen / Hausschuhe

O Schuhe und Wechselschuhe

Sonstiges

O Brille / Kontaktlinsen und Etui

O Buch zum Lesen

O Ohrenstöpsel und Schlafmaske

O Regenschirm

O Reisedecke

O Wasserflasche

O Wörterbuch

Elektronik

O Digitalkamera
O Handy
O Ladekabel
O Kopfhörer
O evtl. Steckdosenadapter
O Power-Bank

Herstellung und Verlag:
BoD – Books on Demand, Norderstedt
ISBN: 9783751902908

1. Auflage
Kontakt: Psiana eCom UG/ Berumer Str. 44/ 26844 Jemgum
Covergestaltung: Fenna Larsson
Coverfoto: depositphotos.com